Superar el desamor y la separación

El libro de autoayuda

Cómo encontrar el camino para salir del dolor de la separación y entrar en el amor propio y el autocuidado

Anna-Maria Perlich

CONTENIDO

Qué puedes esperar de este libro 1

Comprensión teórica del mal de amores 4

  ¿Por qué nos duele el corazón? 5

  Investigación y estadísticas 5

  ¿Qué es el mal de amores y qué nos hace? 6

    Efectos físicos 8

    Efectos mentales 11

  Diferencias específicas de género 20

  Fases del mal de amores 23

  Duración del mal de amores 26

Consejos prácticos 28

  Superar el dolor de la separación 29

  ¿Qué dice la medicina? 43

  ¿Qué hacer con las molestias físicas? 46

¿Y qué pasa ahora? 62

Qué puedes esperar de este libro

Tristeza, soledad, noches sin dormir y la pregunta probablemente omnipresente de "¿por qué?" No es ningún secreto: el desamor duele. ¿Estás pasando actualmente por una fase así en tu vida y tienes la sensación de que ya no ves ninguna salida real? Entonces ya has dado el primer paso en la dirección correcta comprando esta guía. Y puedo garantizarte una cosa de antemano: No estás solo, aunque te invadan sentimientos de grave impotencia y soledad.

Con esta guía, podrás aportar claridad a tu mundo emocional, ya que no sólo se te darán consejos prácticos para superar el dolor, sino que también comprenderás el mal de amores en su totalidad, incluidos los enfoques teóricos. En primer lugar, nos ocuparemos precisamente de esto, presentándote estadísticas y diversos hechos teóricos como base para comprender el mal de amores. Además, las explicaciones psicológicas también desempeñarán un papel, informándote no sólo sobre los efectos del dolor emocional en el cuerpo, sino también en la psique. Las cosas se vuelven un poco más específicas cuando se trata de la percepción del mal de amores en función de la personalidad, basándose en los distintos tipos de apego, por lo que aquí también se ponen de relieve las diferencias a la hora de afrontar el dolor.

Por supuesto, después de una descripción teórica tan extensa, que no debe descuidarse ya que contribuye en gran medida a comprender tu estado emocional, también se te deben dar consejos prácticos sobre cómo dar pasos concretos hacia la recuperación. En el transcurso de ésta, también aprenderás cómo puedes minimizar o incluso

prevenir los efectos secundarios físicos y qué puedes sacar en definitiva de esta fase de tu vida.

Comprensión teórica del mal de amores

Probablemente te interesen más los consejos prácticos de esta guía, pero antes de nada, no dejes que eso te impida ir directamente a ellos. Una comprensión básica de lo que ocurre en nuestro cuerpo y en nuestra mente cuando experimentamos el desamor es un requisito previo para aplicar estos consejos tan buscados, ya que te permitirá abordar todo el asunto de una forma más reflexiva.

¿POR QUÉ NOS DUELE EL CORAZÓN?

La razón de tu dolor por la ruptura es principalmente evolutiva. La ruptura impedía a nuestros antepasados separarse constantemente de sus parejas. Esto era necesario para garantizar el mantenimiento de la familia y la reproducción. De este modo, su cohesión se reforzaba mediante un vínculo emocional, que también tenía un efecto positivo en la descendencia.

INVESTIGACIÓN Y ESTADÍSTICAS

En primer lugar, me gustaría aclararte que no eres en absoluto la única a la que preocupan tus inquietudes y que hay resultados bien fundados de la investigación.

Según una encuesta en línea sobre el tema "¿Cuándo fue la última vez que te rompieron el corazón?" de 2018, en la que se encuestó a 4452 solteros de Alemania de entre 18 y 69 años, se observa que el 13% sufría desamor en el momento de la encuesta y otro 19% lo había experimentado en los últimos seis meses. Esto significa que 5,3 millones de personas en Alemania han compartido su dolor en este periodo, y probablemente se han sentido tan solas como tú en ese momento. Sólo el 4% de los encuestados declaró que nunca había sufrido mal de amores.[1]

O piensa en la industria de la música, el arte o la literatura: ¿cuántas obras se perdería el mundo si sus artistas no hubieran experimentado el desamor?

¿QUÉ ES EL MAL DE AMORES Y QUÉ NOS HACE?

En primer lugar, hay distintas formas de definir el mal de amores. A menudo se hace en función de las distintas causas: por un lado, puede significar que se basa en un amor unilateral. Por otro lado, las personas también pueden sufrir mal de amores durante su relación porque la consideran en peligro. En esta guía, sin embargo, nos centraremos en el desamor basado en una ruptura.

---

[1] https://de.statista.com/statistik/daten/studie/927125/umfrage/umfrage-unter-singles-zum-letzten-liebeskummer/

Por muchas razones que haya para la separación de un ser querido, el dolor es similar para la mayoría de las personas. La situación somete al cuerpo a un enorme estrés y, para hacer frente a esta situación, necesita mucha energía, que sólo puede obtener a largo plazo a través del cortisol, ya que la hormona adrenalina sólo puede proporcionarle esta energía durante un breve periodo de tiempo. El cortisol se conoce como hormona del estrés, que no sólo se libera cuando el esfuerzo físico es demasiado grande, sino también cuando estamos sometidos a una gran tensión psicológica. Si sufres angustia, el cuerpo suele ser incapaz de reducir el cortisol a tiempo, lo que hace que te sientas débil y sin energía.

Una ruptura va acompañada de una menor liberación de dopamina, la hormona de la felicidad. Como el cuerpo libera más dopamina y serotonina cuando estás enamorado, es decir, cuando estás en un subidón emocional, caes aún más cuando esta liberación se reduce mucho. También habrás oído hablar de la expresión "el amor es una droga", y es precisamente debido a la escasa liberación de dopamina tras este "subidón" emocional por lo que la gente sufre verdaderos síntomas de abstinencia, como ocurre con la abstinencia de drogas, por ejemplo. Los expertos en adicciones han demostrado incluso que el amor y la drogadicción tienen lugar en las mismas zonas del cerebro.

Efectos físicos

"Estar enfermo de amor" y "sentir angustia": estas descripciones románticas suenan a problemas adolescentes trivializados, pero el hecho de que el cuerpo y la psique estén estrechamente conectados y los efectos que el estrés interior prolongado puede tener en nuestro cuerpo se pueden ver, entre otras cosas, en las consecuencias de una ruptura, a las que no hay que restar importancia en absoluto. Los síntomas que notamos físicamente cuando nos rompen el corazón se denominan dolencias psicosomáticas, que describen precisamente estas dolencias físicas causadas por factores psicológicos.

> <u>Molestias psicosomáticas frecuentes:</u>
> Dolores de cabeza, dolor abdominal, insomnio, problemas circulatorios, problemas de concentración, pérdida de apetito o aumento del apetito y

pérdida/ganancia de peso asociada, problemas cutáneos, debilitamiento del sistema inmunitario

Puede parecer extraño a primera vista que el desamor pueda provocar problemas cutáneos, pero habrás oído el dicho "La piel es el espejo de nuestra alma", por lo que no es raro que las manchas no deseadas se hagan notar en situaciones de estrés. Por otra parte, lo que probablemente resulte familiar a la mayoría de los afectados es el cambio en nuestro apetito, en el que hay dos partes diferentes: Están los que se sienten invadidos por la pena, que no pueden tragar nada durante días sin sentirse mal, y luego exactamente lo contrario, los que intentan llenar su vacío interior y se atiborran de comida. Esto también explica por qué muchas personas notan un cambio en su peso tras una ruptura. Al fin y al cabo, el camino al corazón pasa por el estómago -sí, aquí también hay otro dicho ingenioso-.

Tal vez te sientas igual en este momento y, a pesar de estar agotado y exhausto física y mentalmente, apenas puedas dormir por la noche: el aumento del nivel de cortisol dificulta el descanso del organismo.

El alto nivel de cortisol también explica por qué las células de defensa más importantes ya no funcionan bien y, como consecuencia, nuestro sistema inmunitario se debilita. Para empeorar las cosas, la mayor susceptibilidad a virus y bacterias también significa que algunas personas tienen que pasar el tiempo posterior a la separación en cama por enfermedad.

<u>Síntomas físicos más graves:</u>
La angustia literal puede manifestarse en el llamado "síndrome del corazón roto", que ocurre más bien poco, pero que pone muy bien de relieve la gravedad del tema del mal de amores: Los síntomas se parecen a los de un infarto, con dolor en el pecho, calambres en el corazón y dificultad para respirar, pero son menos peligrosos. El síndrome del corazón roto está causado por un estrechamiento de las arterias coronarias, que daña el músculo cardiaco y pone en peligro la capacidad de bombeo del corazón.

También en este caso, el estrés es el factor desencadenante. En el peor de los casos, esta enfermedad del músculo cardiaco puede provocar arritmia cardiaca o incluso muerte súbita cardiaca, lo que también explica por qué las personas mayores en particular suelen morir ellas mismas tras la muerte de su pareja u otros seres queridos. La tasa de mortalidad de todos los casos registrados en 2005 fue algo superior al 3%. En la mayoría de los casos, sin embargo, la función cardiaca se normaliza en gran medida al cabo de unas semanas. Pero déjate tranquilizar por ahora: La probabilidad de que esta enfermedad te afecte es muy baja debido a su escasa frecuencia. Sin embargo, como no hay que subestimarla, quería mencionarla aquí de todos modos y, si experimentas síntomas, ponte en contacto con un médico lo antes posible.

Efectos mentales

Sin embargo, como no se puede simplemente poner una tirita en una herida física para curar el mal de amores, se considera un "dolor social", que no sólo se manifiesta a nivel físico, sino también emocional. Es importante mencionar que no suele tratarse sólo de una tristeza pasajera, por lo que debería prestarse mucha más atención al tema: como ya se ha dicho, no se trata sólo de problemas de adolescentes que tienen lugar en el patio del colegio, sino que también despista a muchos adultos, a menudo hasta tal punto que ya no son capaces de actuar racionalmente.

El desamor suele tener un efecto negativo en tu concentración. Tú mismo puedes notar que tu rendimiento en el trabajo, en la universidad o incluso en la escuela baja considerablemente, pero también disminuye tu concentración en las cosas que antes te gustaban y apenas encuentras motivación para dedicarte a tus aficiones, y tu capacidad de concentración a menudo ni siquiera es suficiente para un episodio de tu serie favorita? Sí, éste también es un desagradable efecto secundario del mal de amores.

No es infrecuente que las personas que no estaban en armonía con el final de una relación desarrollen síntomas depresivos como desgana, alejamiento de los demás, pérdida de interés por cosas que antes eran importantes o falta de perspectiva. Sin embargo, estos síntomas suelen remitir de nuevo en un periodo de unas dos semanas. Así que, a pesar de los síntomas similares, al principio no se puede hablar de depresión, una enfermedad mental. Sin embargo, si los niveles de estrés no disminuyen al cabo de cierto tiempo, las siguientes preguntas pueden darte una primera indicación de si puedes estar desarrollando una depresión tras la separación:

➤ ¿Intentas distraerte con antiguas aficiones o con tus amigos, pero sigue sin ser tan divertido como antes?

➤ ¿Te sientes apático y agotado todo el tiempo, y no sólo cuando tus pensamientos se centran en tu relación anterior?

➤ ¿Te acosan fuertes sentimientos de culpa y te sientes cada vez más inútil por ello?

➤ En relación con esto, ¿tienes una visión negativa del futuro y la sensación de que todo es inútil?

➤ ¿Persisten estos sentimientos de desesperanza, falta de motivación y falta de empuje de forma notable durante un periodo superior a dos semanas?

Estos síntomas depresivos y el nivel generalmente elevado de estrés al que está expuesto el organismo también pueden provocar estados extremos de ansiedad y ataques de pánico, que se caracterizan por síntomas físicos como un corazón acelerado o dificultad para respirar e incluso hiperventilación. Los ataques de pánico son una reacción de alarma del organismo ante miedos externos en situaciones amenazadoras. Como puedes ver, no es fácil trazar una línea clara entre los efectos físicos y mentales.

Se vuelve especialmente peligroso cuando estos estados de ánimo depresivos conducen a pensamientos suicidas o cuando los afectados empiezan a autolesionarse. Sin embargo, con este tema tan delicado, es importante no lanzarlo sin más sin hacer comentarios. Los psicólogos opinan que otros factores y la estructura de la personalidad también influyen en los pensamientos suicidas. La angustia puede ser la razón por la que surgen estos pensamientos, pero esto no significa que sea la única razón. Hay que buscar ayuda profesional inmediatamente.

Además, el mal de amores se considera un trastorno de adaptación desde una perspectiva psicológica, ya que toda una estructura vital se derrumba y los afectados se ven obligados a adaptarse a la nueva situación. Según la "teoría del apego" del psicólogo infantil británico John Bowlby, la reacción de una persona ante una pérdida de este tipo depende de su estilo personal de apego. Desarrollamos este estilo de apego, denominado en el concepto *tipo de apego* de Bowlby, a lo largo de nuestra vida y depende de las experiencias que tenemos con las relaciones interpersonales desde el momento en que nacemos.

Los tipos de apego de Bowlby, que se explican a continuación, se basan en un experimento en el que la figura de apego de un niño, en este caso la madre, salía de la habitación y escenificaba así una separación. Como resultado, se analizó el comportamiento de los niños y surgieron cuatro tipos de apego:

1) Fijación segura

➤ Expresan sus sentimientos y los afrontan abiertamente. Según el experimento, los niños de este tipo reaccionaban con fuertes llantos y gritos, pero cuando por fin volvían a abrazar a su madre, se calmaban rápidamente.

2) Apego inseguro-evitativo

➤ Una persona con este tipo de apego no muestra abiertamente sus sentimientos tras una separación y puede parecer segura de sí misma e independiente a primera vista. Lo más probable es que este tipo de apego se base en la experiencia en la infancia de que los padres no respondieron suficientemente a sus necesidades, lo que dio lugar a una imagen negativa de sí mismo. Los niños reaccionaban a la separación de su madre con desinterés, mostraban conductas de evitación del contacto, se distraían con juguetes y compensaban así el estrés interior.

3) *Apego inseguro-ambivalente*

➤ Como su nombre indica, una persona de este tipo reacciona de forma ambivalente ante una separación. Por un lado, sienten rabia hacia la persona que les ha abandonado, pero al mismo tiempo anhelan estar cerca de ella. En el experimento, a los niños les resultaba difícil calmarse incluso después de que regresara la figura de apego.

4) *Vinculación desorganizada*

➤ Aquí no puede identificarse ninguna estrategia de comportamiento precisa. Las personas están completamente abrumadas por la situación, los sentimientos que les embargan son miedo, sensación de impotencia, desamparo y pérdida de control. Basándose en esto, se supone que los niños son incapaces de procesar adecuadamente los acontecimientos en los primeros meses de vida y pueden sufrir traumas. Según el experimento, los niños reaccionaron de forma diferente a la separación; unos con total falta de emociones, otros con comportamientos extraños como girar en círculos o congelarse por completo.

Estos tipos de apego pueden utilizarse ahora para explicar con qué intensidad y emoción reacciona una persona ante la separación de una persona con la que se ha establecido un fuerte vínculo, y cómo se exteriorizan estas emociones. Un deseo de apego rechazado refuerza el comportamiento de búsqueda de apego, que desgraciadamente intensifica el sentimiento de soledad tras una separación.

Este estrés psicológico causado por la reacción ante una separación puede estar relacionado con el concepto de necesidades básicas que no se satisfacen durante esa fase de duelo.

Las cuatro necesidades psicológicas básicas
- Encuadernación
- Autoestima
- Control y autodeterminación
- Deseo / Desagrado

La necesidad de apego tiene que ver con el deseo de unión y amor hacia la pareja, el amigo, la familia, pero también hacia uno mismo: esta necesidad siempre ha formado parte de la naturaleza humana.

La autoestima se refiere a la mejora de la autoestima y a la protección de la autoestima, que puede vincularse al deseo de ser respetado y valorado de dos maneras: En primer lugar, tenemos necesidad de que se valoren nuestras acciones, por ejemplo el trabajo que hemos realizado, y en segundo lugar, a nivel emocional, ansiamos que se nos valore por lo que somos, independientemente de nuestros logros.

El aspecto de "control y autodeterminación" también abarca dos niveles diferentes: por un lado, se trata de la necesidad de orientación y control internos, en relación con el propio cuerpo y la propia psique. Esto incluye comprender nuestros sentimientos y el grado de autodeterminación; por otra parte, también se trata de la orientación externa, de comprender el sistema en el que funcionamos y cuánta libertad individual nos ofrece.

Placer / displacer significa que nos esforzamos por vivir acontecimientos placenteros, agradables y placenteros e intuitivamente evitamos las experiencias dolorosas. Esto puede explicarse fácilmente con la pregunta "¿Tienes ganas de...?", porque normalmente ya sabemos de forma intuitiva y espontánea qué es lo mejor para nosotros en ese momento con respecto a la pregunta formulada.

Si ahora sufres desamor, ninguna de estas necesidades básicas puede satisfacerse. La pérdida de una pareja, y posiblemente también de un círculo de amigos y una segunda familia, significa que se ha violado la necesidad de apego en particular. También es muy probable que la autoestima se vea gravemente debilitada debido a posibles sentimientos de culpa y duda. Los sentimientos de pérdida de control y desorientación tampoco son infrecuentes en una fase así, y no puede evitarse una experiencia dolorosa.

DIFERENCIAS ESPECÍFICAS DE GÉNERO

El mal de amores puede volverse peligroso si los niveles de cortisol son excesivos durante varias semanas o meses. Como consecuencia, los afectados no sólo pueden sufrir falta de energía, sino que también tienden a un comportamiento más agresivo. Los hombres, en particular, se ven afectados por esto último con más frecuencia que las mujeres, y tampoco debe pasarse por alto el hecho de que este comportamiento a menudo puede volverse obsesivo y amenazar con convertirse en acoso. Hoy en día, Internet y las redes sociales lo facilitan.

Además, los hombres tienden a ahogar sus penas en el alcohol y a distraerse a corto plazo con la fiesta, el trabajo, el deporte o incluso directamente con un nuevo conocido. Sin embargo, esta distracción a corto plazo hace que las mujeres sufran más por el fin de una relación, pero los hombres sufren más tiempo debido a un procesamiento descuidado. Esto lo ha confirmado incluso científicamente la Universidad de Binghamton en un estudio titulado "Diferencias cuantitativas de género en la reacción a una relación romántica fracasada".

A los 5.705 participantes en el estudio, procedentes de 96 países distintos, se les pidió que indicaran su dolor físico y emocional tras una separación en una escala del 1 (ningún dolor) al 10 (insoportable). Resultó que, aunque las mujeres sufren más emocional (6,84 puntos) y físicamente (4,21 puntos) de media que los hombres (6,58; 3,75 puntos), también se recuperan más rápido y mejor del dolor. Por término medio, salen de la fase de separación más fuertes que los hombres, quienes, según el estudio, no se recuperan realmente en absoluto, sino que simplemente siguen adelante reprimiendo y compensando.

Cuando se les preguntó por su estado de ánimo general, las mujeres respondieron con ansiedad, preocupación y síntomas depresivos, mientras que los hombres eran más propensos a sentirse enfadados y perdidos.[2]

---

[2] https://www.sciencedaily.com/releases/2015/08/150806151406.htm

Actualmente existen diferencias bien fundadas entre los sexos a la hora de afrontar el desamor: las mujeres se vuelven más calladas e intentan analizar el fracaso de una relación, mientras que los hombres tienden a volverse más ruidosos y a actuar como si no les importara. Lamentablemente, las estructuras aún arraigadas en la sociedad, que clasifican a los hombres como el "sexo fuerte" que debe mostrar la menor emoción posible, en contraste con la "mujer emocional", desempeñan claramente un papel aquí. Sin embargo, volveremos sobre el hecho de que esto no tiene ningún sentido, ya que reprimir los sentimientos puede ser incluso bastante peligroso a largo plazo, en la sección práctica de este libro. Sin embargo, me gustaría subrayar aquí que el mal de amores también tiene algo que ver con el feminismo y que necesitamos urgentemente dejar de considerar los sentimientos como una característica puramente femenina y privar así a los hombres del valor de hablar abiertamente de sus sentimientos.

Sin embargo, las diferencias también pueden explicarse por la evolución: A los hombres les resulta más fácil pasar página rápidamente porque no tienen que enfrentarse a un embarazo. A la inversa, el mismo estudio también descubrió que las rupturas las inician con más frecuencia las mujeres. Esto también está relacionado con la evolución, ya que en épocas anteriores a las mujeres les resultaba más difícil criar a un hijo solas, razón por la cual eran y siguen siendo muy selectivas a la hora de elegir pareja.

Sin embargo, también hay diferencias en los efectos físicos. Por ejemplo, las mujeres se ven afectadas con más frecuencia que los hombres por el síndrome del corazón roto tras la menopausia, lo que se debe al descenso de sus niveles de estrógenos, que a su vez favorece mucho la liberación de hormonas del estrés.

FASES DEL MAL DE AMORES

Por supuesto, no todos los desamores son iguales, sino que varían de una persona a otra, pero los resultados de las investigaciones muestran que puede reconocerse una dirección aproximada para el proceso. A menudo se divide en fases, por ejemplo por la psicóloga y psicoterapeuta austriaca Dra. Gerti Senger, que investigó cómo se adaptan las personas a sus nuevas circunstancias vitales tras una ruptura. Basándose en los resultados de su investigación, clasifica el desamor en cinco fases:

<u>Fase 1: Conmoción y protesta</u>

➢ El periodo inmediatamente posterior a la ruptura se caracteriza por la falta de comprensión, te cuesta entender lo que está pasando realmente y ni siquiera quieres admitirlo. Intuyes que algo va mal e imaginas que la ruptura era totalmente imprevisible, aunque ya hubiera habido señales en las últimas semanas o meses de que la relación ya no era la adecuada.

<u>Fase 2: Parálisis</u>

➢ Poco a poco te das cuenta de que la relación se ha acabado para siempre, lo que te lleva a un estado de parálisis. Te sientes impotente, no sabes cómo afrontar la situación y el control se te escapa de las manos, todo parece mecánico y teledirigido.

<u>Fase 3: Batalla</u>

➢ Esta fase se caracteriza por esfuerzos patológicos para reconquistar a la ex-pareja. En su mayor parte, te engañas a ti mismo permitiendo que tu ex-pareja llegue a compromisos que en realidad no puedes reconciliar contigo mismo. Prometes enmendarte y propones una separación de prueba para ganar tiempo y espacio. Todo se hace para tener una última oportunidad y posiblemente salvar la relación, sin ninguna posibilidad de éxito.

Fase 4: Admisión

➤ Esta fase es probablemente una de las más difíciles: todas tus últimas esperanzas y esfuerzos han sido en vano y tienes que admitirte a ti mismo que finalmente han fracasado. Esto conlleva tristeza y rabia, y los efectos físicos y mentales que ya he descrito anteriormente se apoderan de ti. La vida cotidiana se convierte en un reto y requiere ajustes.

Fase 5: Dejar ir

➤ En esta fase, la tristeza dista mucho de haber terminado, pero se acepta la nueva situación vital, incluso sin la antigua pareja. Se busca una nueva posición en el entorno vital, por lo que los recuerdos del ex siguen despistando, por ejemplo al visitar lugares que se asocian con esa persona perdida.

Sin embargo, como ya se ha dicho, estas fases son una construcción y dependen del individuo, y también influyen factores relacionados con la relación, como la duración y la intensidad.

DURACIÓN DEL MAL DE AMORES

Tampoco es posible hacer afirmaciones precisas sobre el tiempo que dura el dolor de la separación, aunque también hay estudios sobre este tema que presentan los resultados de sus investigaciones y pueden dar pistas.

Por ejemplo, en octubre / noviembre de 2020, la plataforma de citas Elitepartner lanzó una encuesta online que reveló que la duración media del dolor de la ruptura de los 7.259 encuestados era de 12,4 meses. En el caso de las mujeres, la duración media fue de 12,8 meses, mientras que los hombres declararon una media de 11,9 meses, por lo que no hay grandes diferencias en este aspecto. También se puso de manifiesto que los que habían roto sufrían más y durante más tiempo la ruptura, concretamente una media de 14,1 meses.

Sin embargo, estas cifras no deben desanimarte por el momento, ya que, como he dicho, cada persona necesita un tiempo diferente para aceptar el dolor. Por ejemplo, una persona puede sentirse mejor al cabo de unas pocas semanas, mientras que otra sólo después de muchos meses. Lo importante es que te cuides y no te quedes atrapado en tu dolor; en el capítulo siguiente encontrarás la mejor forma de hacerlo.

Consejos prácticos

Ahora que hemos tratado en detalle la comprensión teórica del desamor, me gustaría darte algunos consejos específicos para ayudarte en tu proceso de curación emocional. Empezaré examinando las fases del desamor y te daré consejos concretos para superar el dolor, por lo que te recomiendo que no te saltes la parte teórica. Además, ya has experimentado los desagradables efectos secundarios físicos y mentales del desamor, por lo que me gustaría darte algunas recomendaciones sobre cómo aliviarlos, además de los consejos generales concretos.

SUPERAR EL DOLOR DE LA SEPARACIÓN

1) <u>Permitir el dolor</u>

Tras una ruptura, a menudo oímos la frase: "Tienes que dejarlo ir". Sin embargo, ahora sabemos que dejar ir sólo llega más tarde en el proceso. No te dejes influir negativamente y no te sientas mal por esos consejos. No tienen mala intención; es posible que quienes te rodean no sepan realmente cómo reaccionar ante la nueva situación y sólo quieran darte el mejor consejo. Sin embargo, si intentas dejarlo ir demasiado pronto, esto puede conducir rápidamente a que reprimas involuntariamente el dolor. Dejas ir el dolor sin haberlo procesado. Si de repente surge algo que te recuerda a tu ex pareja, el dolor sale con toda su fuerza y te atrapa de la nada. Para evitar que esto ocurra, está perfectamente bien que te repliegues durante unos días y te entregues por completo a tu dolor. Llora todo lo que quieras y desahógate de una vez.

La música puede ayudarte a olvidar el dolor tanto como escribir en tu diario. Pero durante esta fase, haz primero lo que te haga sentir bien, aunque sea una maratón de tu serie favorita. Muy importante: no te sientas inútil o despreciable porque tu productividad puede verse afectada durante este tiempo. Otro consejo en este momento es simplemente apagar el móvil o borrar las redes sociales durante unos días para que no te afecte la locura de la productividad.

2) <u>Discursos</u>

Vuelca tu corazón en alguien cercano a ti que estés seguro de que te escuchará atentamente e intentará comprenderte. Cuando expresas tus pensamientos, les das expresión, quizá esto te dé una perspectiva completamente nueva de la situación; en el mejor de los casos, expresar tus pensamientos te ayudará a iniciar formas de procesarlos. También te vendrá bien no estar solo con tus pensamientos todo el tiempo, sino que haya alguien que te consuele y te hable de ello, aunque al principio te resulte difícil abrirte. También existe la posibilidad de que la otra persona te abra una nueva perspectiva, ya que tiene una visión diferente de la situación como persona ajena y no está implicada emocionalmente.

Incluso se ha demostrado científicamente que hablar ayuda: En un estudio de la Universidad

Northwestern de Evanston, se pidió a los participantes que hablaran sobre su ruptura. Los participantes que hablaron de ello cuatro veces durante un periodo de nueve semanas acabaron sintiéndose mejor que aquellos a los que sólo se pidió que rellenaran un cuestionario sobre su ruptura dos veces.[3]

Otro resultado interesante del estudio es que ni siquiera tiene que ser otra persona a la que confíes tus pensamientos, también puedes simplemente hablar contigo mismo, ya que se trata mucho más del proceso de reflexionar y hablar en voz alta. No obstante, te estás perdiendo la oportunidad de un punto de vista reflexionado de una persona ajena.

Si no te sientes cómoda con la idea de dar a alguien cercano una visión profunda de tu mundo emocional, también puedes ponerte en contacto con un psicólogo o terapeuta profesional. Sin embargo, como los tiempos de espera pueden ser muy largos, también puedes utilizar las líneas directas

---

[3] https://journals.sage-pub.com/doi/10.1177/1948550614563085

de Internet, donde incluso tienes la opción de permanecer en el anonimato.

3) <u>Refleja</u>

Ahora que puedes tener una nueva perspectiva de toda la situación, te resultará más fácil reflexionar adecuadamente. Aunque todavía no sea así, este paso es importante para el futuro: escribe una lista de todos los recuerdos positivos de tu ex-pareja y luego una lista de todas las cosas negativas que asocias con él o ella.

También puedes hacerlo en forma de lista de pros y contras, por ejemplo, la disposición depende de ti. Recordar los recuerdos positivos es importante para el proceso de procesamiento, y ver los recuerdos negativos en blanco y negro ayuda a desromantizar la situación y a obtener una visión más clara y reflexiva. Date cuenta: ¿Habría habido realmente un futuro realista para esta relación?

También puedes hacer una lista de los próximos beneficios de la soltería y de los aspectos positivos de la separación. Por ejemplo, ahora tienes más tiempo para tus amigos y tu familia y, sobre todo, para ti misma. Si ya estabas sometida a mucho estrés emocional en las semanas anteriores a la ruptura, por fin esto será cosa del pasado.

4) Limpiar

En este paso, reúne todos los objetos que te recuerden a tu ex pareja y guárdalos en una caja. Es importante que guardes la caja en un lugar donde no te llame la atención tan a menudo, por ejemplo en un rincón trasero de un armario. Si te resulta difícil, también puedes pedir a alguien cercano que guarde la caja por ti. Te aconsejo que guardes la caja, pues más adelante te proporcionará un recuerdo del tiempo que pasaste junto a esa persona y probablemente lo agradecerás en el futuro, cuando hayas superado el dolor.

Armar una caja de este tipo también tiene el efecto de una "ordenación interior", porque si los objetos ya no están en tu entorno inmediato, no te ves obligado a recordar constantemente el pasado.

En general, se ha demostrado que el entorno exterior influye en nuestro estado de ánimo interior. Cuando hayas superado la peor fase del duelo y tengas fuerzas para levantarte de nuevo, te aconsejo que limpies a fondo tu entorno si lo has descuidado últimamente. Esto no sólo te distraerá, sino que te darás cuenta de la influencia positiva que tendrá en tu psique.

Pero también es bueno poner orden a otro nivel: tus cuentas en las redes sociales. Reflexiona: Si tienes la sensación de que no es bueno para ti ver constantemente el perfil de tu ex pareja, no dudes en eliminarlo. Sobre todo si aún tiendes a visitarlo continuamente para ver qué hace. Lo mismo se aplica a los amigos de tu ex-pareja si te recuerdan a él o ella. Sin embargo, también puede ser bueno que te tomes un descanso general de las redes sociales durante esta fase para que puedas dedicarte un poco más de tiempo a ti misma y no estar constantemente bajo la influencia de los demás.

¿Tú también te encuentras con frecuencia abriendo tu galería y mirando viejas fotos de tu relación pasada? El consejo aquí sería que imprimieras esas fotos y las pusieras en la caja con los demás objetos de tu memoria y luego las borraras de tu móvil para no seguir perdiéndote en el pasado.

5) "Autocuidado"

Pongo deliberadamente este punto entre comillas por varias razones: En primer lugar, porque el término "autocuidado" ha adquirido cierto sabor, sobre todo a raíz de las redes sociales. Si frecuentas determinados ámbitos, probablemente estarás familiarizado con el hecho de que el término se caracteriza principalmente por el marketing de influencers y, por tanto, en realidad sólo tiene un propósito: El consumo. La mayoría de las veces se refiere a productos de belleza, en la línea de "hazte un bien comprando estos cinco nuevos productos e incorpóralos a tu rutina de cuidado de la piel". No quiero ser tan despectiva y si algo así te ayuda a sentirte mejor, ¡adelante! Simplemente es importante que destaque en este punto que el "autocuidado" también puede ser completamente diferente y totalmente individualizado.

El motivo de las comillas es que, por supuesto, siempre debes cuidarte y hacer lo que te hace bien, pero es especialmente importante en esta etapa. Ahora que has dado algunos pasos adelante y has tenido la fuerza de desprenderte de objetos significativos que te traen recuerdos de tu ex pareja, es aún más importante que te tomes mucho tiempo para ti misma y hagas lo que te haga sentir bien. Largos paseos con buena música en los oídos, cocinar tu plato favorito o ver tu serie favorita: lo que te haga sentir bien. Míralo de este modo: la pasión y el cariño que sentías por tu ex-pareja puedes invertirlos ahora plenamente en ti misma.

6) <u>Refuerza la confianza en ti mismo</u>

Es completamente normal sentirse culpable y, por tanto, no querible durante esta fase. Sin embargo, tu autoestima se resiente mucho por ello, por lo que es importante que te des cuenta de lo siguiente: estás bien tal como eres, independientemente de cómo te sientas, de lo que vaya mal o de lo que te haya llevado a la situación en la que te encuentras ahora.

Escribe una lista de todas las cosas que te gustan de ti mismo. Pueden ser aspectos externos, pero también rasgos de carácter o éxitos personales de los que te sientas orgullosa. Ten presente que eres valiosa y que mereces todo lo que deseas.

También puedes escribir estas cosas en pequeños trozos de papel y colocarlos en lugares visibles para recordarte estas cosas positivas una y otra vez. Incluso sería mejor que echaras un vistazo a las notas al levantarte por la mañana y las interiorizaras. ¿Por qué no pegas unas cuantas en tu espejo?

Una sugerencia muy parecida sería crear el llamado "tablero de visiones": imprime fotos de cosas que te parezcan deseables en tu vida y que te gustaría conseguir en el futuro, por ejemplo una casa o una mascota, una trayectoria profesional concreta o fotos de lugares a los que te gustaría viajar algún día, y combínalas en un collage sobre una superficie grande (cartulina o similar). Este tablero de visiones debería motivarte a trabajar para conseguir tus objetivos visualizándolos. Tus sueños son algo muy personal y mereces hacerlos realidad.

7) <u>Distracción</u>

Dedicarte tiempo a ti misma es muy importante, pero es igual de importante durante esta fase salir y pensar en otras cosas. Llama a tu mejor amiga y haced algo que quizá hace tiempo que no hacéis, pero que solíais hacer mucho juntas. Id juntos de compras y cocinad algo sabroso o coged una manta y organizad un picnic, dad un paseo en bici, id al cine, haced deporte juntos, sed creativos y pintad un cuadro juntos... sea lo que sea, aquí vale lo mismo: haced lo que os apetezca y con lo que disfrutéis.

Por supuesto, no tiene por qué ser tu mejor amigo, sólo una o varias personas con las que te sientas cómodo y que sean conscientes de tu situación.

Si no te encuentras bien durante una actividad, lo cual es perfectamente aceptable, deberías poder comunicarte abiertamente con los que te rodean y no tener que fingir.

8) <u>Prueba algo nuevo</u>

Una separación siempre es un punto de inflexión importante y probablemente cambie toda tu situación vital. ¿Por qué no sales de tu zona de confort y cambias algo de ti? Tal vez lleves tiempo pensando en hacerte ese nuevo peinado en particular; si es así, déjame decirte: ¡ahora es el momento perfecto para este cambio! O vete de compras y hazte con nuevas prendas de ropa o accesorios que quizá no coincidan con tu estilo actual.

Sin embargo, "probar cosas nuevas" no tiene por qué referirse sólo a las apariencias externas. Intenta encontrar un nuevo lugar en tu entorno, prueba nuevas aficiones que antes pensabas que no eran para ti. Además del efecto positivo de redescubrirte a ti mismo, también conocerás a mucha gente nueva cuando pruebes nuevas aficiones y ¿quién sabe qué nuevas amistades pueden surgir?

Conocer a gente nueva y diferente también te ayudará a entenderte mejor a ti mismo. Te darás cuenta de qué tipo de persona, incluidos tus valores, te conviene más y con quién te llevas mejor.

Así que sólo puedes beneficiarte saliendo al mundo. Para romper por completo con tu antiguo entorno, merece la pena que te plantees la posibilidad de buscar un nuevo lugar para vivir, preferiblemente en un barrio completamente distinto. En este punto, merece la pena traer a colación el ejemplo de mi mejor amiga, que sufrió muchos sinsabores durante mucho tiempo y acabó mudándose a una nueva ciudad que aún le era completamente desconocida. Este cambio de lugar contribuyó en gran medida a su mejora mental.

Otro aspecto que me gustaría recomendarte en este contexto de reinvención es la creatividad. Puede que esto no sea para todo el mundo, pero como ya se ha mencionado, un gran número de canciones, obras de arte u obras literarias mundialmente famosas se crearon a partir del procesamiento del dolor del respectivo artista -el cliché del artista que sufre tiene, de hecho, verdaderas raíces, porque como reconoció una vez el publicista Roger Willemsen: "El mal de amores es el sentimiento más fuerte de todos. Incluso más fuerte que el propio amor".[4]

Por ponerte uno de tantos ejemplos: Un libro que a menudo se relaciona con este tema es "Las penas del joven Werther", de Goethe, en el que el protagonista, Werther, perece a causa de un fracaso amoroso. Hay muchos vínculos con la autobiografía de Goethe, por lo que es muy probable que Goethe pasara por un proceso de reconciliación con su vida al escribir esta obra.

---

[4] https://www.femelle.ch/love/wie-sie-liebeskummer-positiv-nutzen-76

Quizá esto también pueda ayudarte: Escribir tu situación desde una perspectiva diferente. Quizá puedas quitarte un poco las gafas de color de rosa y ver la situación desde una perspectiva más reflexiva.

Si escribir no es lo tuyo, ¿por qué no intentas dar rienda suelta a tu creatividad y expresar tus sentimientos de una forma diferente, ya sea en forma de un cuadro pintado por ti mismo o de un collage de imágenes impresas que reflejen tu estado emocional? Aquí también hay mucho margen, por ejemplo, podrías utilizar acuarelas o pintar con acrílicos sobre un lienzo: no hay límites para tu creatividad, ¡pruébalo!

9) Permitir nuevas perspectivas

Este punto también puede estar estrechamente relacionado con el anterior y podría interpretarse como "intentar mentalmente algo nuevo". Sin embargo, añado deliberadamente este punto al final del anterior y así lo diferencio, ya que se necesita cierto tiempo para permitir nuevas perspectivas. Es más fácil probar nuevas aficiones que adoptar nuevas perspectivas y patrones de pensamiento. Me gustaría hacer hincapié en que es importante que no te aísles en el futuro a pesar de la decepción y el dolor abrumador que has experimentado.

Puede sonar un poco banal a primera vista y no llegarte del todo, pero míralo de este modo: ¿no es mucho más bonito sentir que esconderse y atrincherarse? ¿Ser capaz de sentir tanto por una persona, ser capaz de amarla?

Déjame decirte que es normal pensar que nunca podrás superar el dolor. Sin embargo, después de seguir estos consejos, debería resultarte más fácil mirar positivamente hacia el futuro y abrirte a nuevos puntos de vista.

Tras estos primeros consejos, me gustaría hacer una breve pausa y aconsejarte que sigas estos consejos con atención plena. Es importante que te sientas bien con todo lo que haces. Además, aunque el dicho "el tiempo lo cura todo" no es exactamente el consejo más popular que quieres oír en una fase así, es realmente importante tomarse el tiempo suficiente. Debes tener cuidado de no precipitarte en algo nuevo demasiado deprisa. No importa si se debe a una nueva persona en tu vida o a que intentas emprender tantos proyectos profesionales nuevos como sea posible: la distracción es buena, pero la supresión no lo es, porque el dolor, por desgracia, te alcanzará tarde o temprano, y reprimirlo puede retrasarlo, pero no lo hará menos doloroso. Al contrario, a menudo sufrirás aún más reprimiéndolo.

Por cierto, la comparación que se hace entre las personas que sufren el dolor de una ruptura y las que pasan por la abstinencia de drogas deja claro que sólo una ruptura absoluta con la ex pareja ayudará a acercarse a la solución del problema. Cada recaída perjudica el proceso de avance y superación. Esto significa: no mires fotos antiguas, no aceches las cuentas de redes sociales de tu ex-pareja y sobre todo: nada de contacto. Evita la droga.

¿QUÉ DICE LA MEDICINA?

Debido a que el dolor psicológico y el físico se procesan en las mismas regiones del cerebro, los estudios han demostrado que los analgésicos para dolencias físicas, como el paracetamol o el ibuprofeno, también pueden aliviar el dolor de corazón. Sin embargo, esta ingesta debe abordarse con precaución, ya que tomar analgésicos con demasiada frecuencia puede debilitar su efecto y provocar también otros problemas de salud.

Comer es otra cosa que sólo alivia el dolor a corto plazo. El tópico de devorar montones de chocolate y helado cuando estás enfermo de amor tiene una base real: se ha demostrado que comer puede reducir la concentración de cortisol, la hormona del estrés. Sin embargo, no debes considerar esto como una terapia a largo plazo, ya que puede convertirse rápidamente en un proceso de "alimentación emocional" o "alimentación por estrés", que sólo te proporciona una sensación positiva durante un breve periodo de tiempo. Comer sirve entonces como mecanismo de compensación tanto de las emociones negativas como de las positivas. A largo plazo, esto perjudica la sensación de hambre y saciedad, ya que la gente come sin sentir hambre física, pues se trata más bien de un "hambre mental". La gente suele comer porciones muy grandes y tiende a comer alimentos poco saludables.

La alimentación emocional tiene un trasfondo evolutivo: en situaciones de estrés, por ejemplo al perseguir a un animal, la gente solía confiar en la acción rápida. El objetivo era acumular tanta comida como fuera posible para durar lo suficiente.

¿Qué hacer si sufres de alimentación emocional?

<u>Consejos contra la alimentación emocional</u>
La próxima vez que sientas el impulso de buscar comida en un momento especialmente estresante o emocional, detente un momento e intenta adoptar un enfoque reflexivo.

Hazte las siguientes preguntas:
➤ ¿Por qué busco comida en este momento?
➤ ¿Siento realmente hambre física o es el subconsciente intentando compensar algo?
➤ ¿Cuál es el desencadenante de mi problema actual?
➤ ¿Qué puedo hacer por mí ahora mismo para sentirme realmente mejor?

Si has descubierto que en realidad no tienes hambre física en ese momento, la comida no puede ser la solución a tus problemas.

Por otra parte, un concepto a largo plazo recomendado por los médicos para combatir el mal de amores es el deporte, preferiblemente practicado al aire libre. Es incluso un remedio científicamente probado que puede aliviar la depresión y la ansiedad. Si aún no te atreves a hacerlo, pregunta a un amigo si quiere acompañarte -la motivación mutua puede hacer maravillas- o, alternativamente, da primero un largo paseo. El ejercicio aumenta los niveles de serotonina y se liberan hormonas de la felicidad.

¿QUÉ HACER CON LAS MOLESTIAS FÍSICAS?

Pasemos ahora a los consejos que me gustaría darte para combatir los desagradables efectos secundarios físicos del dolor de la separación.

1) Trastornos del sueño

Un síntoma en particular puede tener un gran impacto en nuestro bienestar: el insomnio. Un sueño suficiente y de buena calidad es sumamente importante para que funcionemos durante el día. Dormir poco a largo plazo tiene consecuencias de largo alcance en muchos ámbitos de nuestra vida.

Entonces, ¿qué puedes hacer con los trastornos del sueño causados por el mal de amores?

➢ _Medio ambiente_

Antes de empezar con los consejos prácticos propiamente dichos, debes organizar tu entorno de modo que te proporcione las condiciones óptimas para un sueño reparador, porque, como sabemos, nuestro entorno influye en nuestro bienestar interior. Asegúrate de que tu dormitorio esté bien ventilado durante el día para garantizar una cantidad suficiente de oxígeno. Tu entorno también debe estar lo más ordenado posible, porque así también nos sentiremos mejor por dentro que si intentamos dormirnos en un ambiente caótico.

Si puedes, oscurece tu habitación todo lo posible. La oscuridad libera la hormona del sueño melatonina, que te cansa. Si vives en un entorno ruidoso, como junto a la calle, es aconsejable que te pongas tapones para los oídos, para que puedas descansar lo mejor posible.

➢ _Ritual antes de acostarse_

Para poder conciliar mejor el sueño, es aconsejable establecer un ritual antes de acostarse. Puede ser una taza de té o un baño relajante, leer unas páginas antes de acostarse o una ronda de yoga, lo importante es crear una rutina recurrente. Esto facilita que el cuerpo se calme y, una vez que se ha acostumbrado, le indica que ya es hora de dormir. La monotonía relaja.

> ### *Crea una rutina*

Este punto enlaza con el anterior: Una rutina diaria regular es tan importante como una rutina de sueño regular. Esto significa: evita las "siestas energéticas", es decir, las siestas cortas entre horas, aunque prometan reenergizarte. La gente suele decirse a sí misma que sólo va a tumbarse unos minutos y luego ocurre lo que ocurre: vuelven a despertarse unas horas más tarde, lo que lógicamente dificulta que vuelvan a dormirse por la noche. Intenta acostumbrarte a levantarte todos los días a la misma hora y a acostarte a la misma hora.

> ### *Evita la tensión*

Justo antes de acostarte, debes evitar las cosas que te pongan nervioso para conseguir la mejor relajación posible. Por tanto, no es aconsejable ver otra película de terror, aunque sea uno de tus géneros favoritos. En cuanto a la lectura, también es mejor leer libros más relajados y ligeros, que no te dejen tan embelesado que pases media noche despierto devanándote los sesos. También deberías evitar escuchar música a todo volumen, optar por sonidos más tranquilos o quizá simplemente crear una lista de reproducción para dormir o relajarte.

Muy importante: ¡nada de Internet antes de acostarse! Por un lado, los dispositivos técnicos como los smartphones emiten luz azul, que tiene el efecto de reducir la liberación de melatonina, y por otro, sin duda estarás familiarizado con el problema: sólo quieres responder a tus amigos y media hora después te encuentras en alguna red social -en el peor de los casos, incluso en el perfil de tu ex pareja-. Por supuesto, esto sólo provoca más estrés y te impide dormir.

➤ *La regla de los 30 minutos*

Esta regla establece que no debes permanecer en la cama sin dormir más de 30 minutos. Levántate y haz otra cosa, pero asegúrate de hacer algo relajante que te ayude a calmarte. Por ejemplo, ve a la cocina y prepárate una taza de té o sal a tomar el aire.

También debes evitar la mirada de pánico al reloj, que a menudo te lleva a calcular las horas de sueño que te quedan. Esto te somete a una presión aún mayor y te impide conciliar aún más el sueño, en lugar de aportarte algo positivo.

➤ *Ejercicios de relajación*

Los ejercicios de relajación como el yoga o la meditación son algo que puedes hacer durante la fase en la que no te duermes o incluso antes. Te ayudan a relajar los músculos y a armonizar el cuerpo y la mente. Refuerzan tu autoestima, pero también te ayudan a conciliar el sueño. Lo mejor es que navegues por Internet para encontrar los ejercicios que mejor se adapten a ti.

➤ *Ayuda a dormir mediante sonidos*

Aunque debes evitar utilizar el smartphone antes de acostarte, si simplemente no puedes conciliar el sueño, también puedes probar con juegos de audio o meditaciones guiadas para dormir. A algunas personas les ayuda no estar a solas con sus pensamientos en completo silencio, sino escuchar algo. Mi consejo personal: hay canciones en YouTube que van acompañadas del sonido de la lluvia, que tiene un efecto relajante. Prueba un poco aquí también, a algunas personas les resulta más fácil dormirse con la lluvia u otros sonidos de la naturaleza, por ejemplo, mientras que otras prefieren la música tranquila y clásica.

➤ *Ayudas naturales para dormir*

Te desaconsejo deliberadamente que tomes somníferos, ya que a menudo te hacen sentir muy cansado al día siguiente y esto no contribuye precisamente a mejorar tu bienestar, y sólo te ayudan a conciliar el sueño y no a alcanzar la fase de sueño profundo y, por tanto, la fase realmente reparadora. Sin embargo, si tienes la sensación de que nada te funciona y necesitas urgentemente volver a dormir lo suficiente, habla antes con un médico sobre la posibilidad de tomar ciertos somníferos.

Sin embargo, una solución mejor son los somníferos naturales, como la valeriana. Esta hierba es conocida por su uso contra los trastornos del sueño de todo tipo y está especialmente indicada para los problemas para conciliar el sueño. Puedo recomendarte una taza de té de valeriana por la noche: se ha comprobado que hace efecto al cabo de una hora aproximadamente. La mejor hora para tomarlo es hacia las 21.00 h, ya que así tu cuerpo tiene tiempo suficiente para calmarse. Por supuesto, puedes decidir por ti mismo qué hora te conviene más. Pero ten paciencia: a veces el cuerpo no se adapta hasta pasados unos días y el té no empieza a hacer efecto hasta entonces. Así que, también en este caso, la clave es un consumo regular. También es aconsejable tomar un baño de valeriana. Simplemente hierve 100 ml de aceite de raíz de valeriana en 2 litros de agua y añádelo al agua del baño.

Otras hierbas naturales que tienen un efecto relajante y ayudan a conciliar el sueño son la lavanda y la melisa. La lavanda, en particular, tiene un efecto muy calmante y ansiolítico; deberías probarla. Si la lavanda no está en temporada, también puedes probar con aceite de lavanda en una lámpara de fragancias o simplemente colocar un ramillete seco en tu dormitorio. También puedes comprar una almohada de hierbas, idealmente con aroma de lavanda, por supuesto.

Mucha gente también confía en la leche caliente con miel antes de acostarse, que también puedes incorporar a tu ritual para dormir. Esta bebida no sólo es especialmente deliciosa si le añades

¼ de vaina de vainilla, sino que la vainilla también tiene un efecto positivo contra el insomnio.

➤ *Alimentos que favorecen el sueño*

Por supuesto, también hay una serie de alimentos que inducen al cansancio y, por tanto, se recomiendan para la cena o como tentempié antes de acostarse. Varios tipos de lechuga, como la achicoria, la romana, la achicoria o la escarola, ayudan a amortiguar la excitación y a reducir el estrés, lo que se debe a las sustancias amargas que contienen. ¿Por qué no tomar una ensalada afrutada por la noche? Lo mejor es añadir muchas uvas rojas: son una forma natural de suministrar al cuerpo la hormona del sueño, la melatonina. Se ha demostrado que sólo 300 g de uvas rojas tienen un efecto positivo en el proceso de conciliar el sueño. También puedes permitirte un vaso de vino tinto de vez en cuando sin sentirte culpable, ya que también contiene una elevada proporción de melatonina. Los plátanos son un buen tentempié para después de cenar, ya que favorecen la producción de melatonina y serotonina y, por tanto, tienen un efecto positivo general sobre nuestro bienestar. También se sabe que muchos tipos de frutos secos favorecen el sueño, como los anacardos, las nueces y las almendras.

➢ *Alimentación sana*

Además de los alimentos que favorecen el sueño, una dieta sana es el pilar básico para un sueño reparador y una sensación general de bienestar. También debes centrarte en alimentos de fácil digestión, como ensaladas y verduras, por la noche. Los alimentos difíciles de digerir y que contienen grandes cantidades de hidratos de carbono y grasas deben evitarse por la noche, sobre todo dos horas antes de acostarse. También debes mantenerte alejado del alcohol, la nicotina y la cafeína, sobre todo a última hora de la tarde/noche. En la siguiente sección, profundizaré en los alimentos que, además de su efecto positivo sobre los trastornos del sueño, también son buenos contra el mal de amores.

2) Cambios en el comportamiento alimentario

Como ya sabemos, el desamor afecta al apetito: muchas personas sufren falta de apetito y apenas pueden probar bocado, mientras que otras tienen que enfrentarse exactamente a lo contrario, teniendo que llenar un vacío en sí mismas con comida.

Una dieta sana como pilar básico es muy importante, sobre todo en tu situación vital actual. Ahora me gustaría hablarte de algunos alimentos que tienen un efecto positivo en tu estado de ánimo general y pueden ayudarte con la angustia.

Los aminoácidos son muy importantes para los nervios. Se encuentran principalmente en los productos lácteos, los huevos, los cereales integrales, el pescado y las aves de corral. Es especialmente importante que consumas el aminoácido ***triptófano,*** que favorece la producción de serotonina. Puedes encontrarlo en los aguacates, el queso, los frutos secos, los tomates y los plátanos, por ejemplo. Otras fuentes importantes de ***serotonina***, la hormona de la felicidad, son la piña y los dátiles secos. El mineral ***magnesio,*** que puedes encontrar en los productos integrales, los plátanos, las aves, las verduras y los productos lácteos, es esencial para aliviar el estrés y, por tanto, para ti. También es buena para los nervios **la vitamina B, que se encuentra** principalmente en el arroz integral, los productos lácteos, los huevos, la carne y los cereales integrales, así como la ***lecitina,*** que puedes obtener de los guisantes, las nueces, los productos de soja, el suero de leche y el maíz. Los alimentos picantes, como el chile rojo, contienen ***capsaicina,*** que, cuando se ingiere, envía señales de dolor al cerebro debido a su picor. En respuesta al dolor, el cuerpo libera endorfinas, que ayudan a levantar el ánimo.

En conclusión, por supuesto es importante que te asegures de beber suficiente agua (aproximadamente 1,5 litros al día) en cualquier situación. También recomiendo tomar cápsulas de hierba de San Juan, que puedes adquirir sin receta en la farmacia. La hierba de San Juan ayuda a animar tu estado de ánimo, a reducir la inquietud interior y también es conocida por algunos como antidepresivo natural.

3) Ataques de pánico

Si sufres ataques de pánico recurrentes debidos al dolor de la separación, te aconsejaría en primer lugar que consultaras a un médico, ya que podrá hacerse una idea más precisa de tu situación y darte después consejos profesionales y específicos. Sin embargo, también hay algunos consejos que puedes hacer tú misma en la situación aguda de un ataque de pánico.

➤ _Aceptación del miedo_

Si ya sientes ligeros signos de pánico incipiente y fuertes sentimientos de ansiedad, acepta estos sentimientos y acepta que puedes desarrollar un ataque de pánico. También en este caso, la supresión no es una solución al problema; en la mayoría de los casos, el alcance del ataque de pánico sólo empeorará. Date cuenta de que puedes haber experimentado estos sentimientos antes y de que volverás a sentirte mejor.

➤ _Controla la respiración_

Como ya se ha descrito, los ataques de pánico suelen ir acompañados de falta de aire, por lo que este consejo se referirá a la respiración. Intenta sentarte erguido y hacer respiraciones largas y conscientes. Si no puedes hacerlo y tu respiración amenaza con empeorar, coge una bolsa y moldéala en forma de embudo para poder respirar dentro de ella. Este consejo es sobre todo una medida de precaución, ya que no siempre será posible encontrar una bolsa en una situación aguda. Por tanto, te recomiendo que guardes un montón de bolsas en un lugar al que puedas acceder rápidamente en caso de emergencia, por ejemplo en el bolso o en la mesilla de noche. Las bolsas pequeñas de papel para el pan son especialmente adecuadas para este consejo.

Te recomiendo este ejercicio de respiración en tres pasos:

1) Inspira profundamente durante siete segundos, por la nariz y hacia el estómago.

2) Ahora aguanta la respiración otros siete segundos.

3) Ahora también debes exhalar por la boca durante siete segundos, expulsando el aire del estómago. Éste es también el paso crucial del ejercicio, ya que ayuda a equilibrar los bajos niveles de dióxido de carbono en sangre provocados por la hiperventilación.

➤ *Agudizar la percepción*

Intenta analizar detalladamente tu entorno para distraerte de la ansiedad. Dirige tu concentración a las cosas de tu entorno para volver al aquí y ahora. También tengo aquí otro ejercicio para ti, basado en el "principio de los cinco sentidos":

1. Empieza visualizando cinco cosas de tu entorno que puedas **ver.**

2. Ahora puedes poner un dedo de la mano hacia abajo y encontrar cuatro cosas que puedas **sentir** y hacerlas.

3. Continúa con tres cosas que puedas **oír**; escucha conscientemente cada una de ellas por turnos durante un momento.

4. En este paso, visualiza dos cosas que puedas **oler.** Si no te encuentras en un entorno en el que haya diferentes olores, recuerda dos olores concretos que te gusten e intenta recordarlos con la mayor precisión posible.

5. El último punto es tomar conciencia de una emoción que estés **sintiendo**.

Por cierto: mi mejor amiga también sufrió ataques de pánico inducidos por el amor tras su última ruptura, por eso me recomendó tanto este consejo, ya que a ella le funcionó de maravilla.

> *Música relajante*

El hecho de que hoy en día siempre tengas el smartphone a mano puede tener algunas desventajas, pero en caso de ataque de pánico, resulta muy útil, ya que puedes acceder fácilmente a la música. Así que acuérdate de meter los auriculares en la maleta cuando salgas de casa.

> *Movimiento*

Los ataques de pánico son estados en los que acumulas mucha energía. Para liberar esta energía y reducir así el estrés, te recomendamos movimientos enérgicos como saltos de tijera o sentadillas. Si estás en público, prueba a hacerlo apretando los puños y contando del uno al cinco. Después suelta la tensión y concéntrate conscientemente en relajarte. Repítelo tantas veces como quieras hasta que sientas que has alcanzado un estado de mejora.

➢ *Refresco*

Si tienes acceso a un lavabo cerca, bebe un sorbo de agua fría para ralentizar la respiración. También sería ideal salpicarte un poco de agua en la cara o dejarla correr por los antebrazos. Sin embargo, se recomienda agua más caliente, que ralentiza los latidos del corazón.

➢ *Resistir el reflejo de huida*

Este consejo no te resultará fácil, pero intenta permanecer donde estás. Planta los pies firmemente en el suelo, siente la superficie sobre la que estás de pie o sentado en ese momento. Se trata de enraizarte y centrarte en lo que te rodea. Intenta soportar la situación a pesar de ser consciente de que podrías marcharte en cualquier momento.

¿Y qué pasa ahora?

Ya hemos llegado al final de mis consejos para ti, pero aún así me gustaría darte un breve resumen de lo que puedes sacar de una fase así de tu vida y de cómo puedes volver a mirar al futuro con pensamientos positivos.

Si en este momento sigues en una de las peores fases de la angustia y apenas ves salida, piensa en que dentro de unas semanas o meses volverás a sentirte mejor: estarás orgulloso de ti mismo por no haberte rendido.

Saldrás de esta fase más fuerte y te darás cuenta de todo lo que realmente eres capaz de hacer. Si echas la vista atrás, verás que este tiempo ha contribuido enormemente a tu desarrollo personal, porque como ahora sabemos, el desamor se considera un trastorno de adaptación y superarlo, salir de tu zona de confort y construir una nueva vida requiere un grado extremadamente alto de valentía y superación.

Ahora que has pasado tanto tiempo contigo misma y has invertido en ti, dejarás atrás esta fase con una mayor confianza en ti misma. Puede que incluso te sorprenda lo que no sabías de ti mismo, qué deportes te gustan realmente o que tienes un talento artístico oculto.

Además, otras personas también pueden beneficiarse de tu desarrollo: Lo que sin duda te llevarás de esta fase de angustia es la empatía. La próxima vez que te encuentres con alguien que esté sufriendo una gran angustia, sin duda podrás darle algunos consejos útiles y hablar con él o ella. Con demasiada frecuencia, la gente no se toma su sufrimiento tan en serio como debería, lo que sólo conseguirá hundirla aún más. Y entonces es mucho más agradable conocer a alguien como tú, que puede comprender su dolor basándose en su experiencia personal y no trata de restarle importancia.

Además, ahora habrás adquirido una gran comprensión de cómo quieres organizar tus relaciones en el futuro, mediante una intensa reflexión y afrontando la separación. ¿Qué cualidades de tu pareja son realmente importantes para ti, y cuáles no puedes conciliar contigo misma y con tus valores? Conocer a gente nueva y diferente también te ayudará a responder mejor a estas preguntas. Sobre todo, es importante no actuar precipitadamente y no precipitarse. Sin embargo, también puedes decidir que no quieres entablar una nueva relación por el momento, sino que prefieres adquirir nuevas experiencias.

En conclusión, me gustaría dejarte con el mensaje de que, por muy bonito que fuera, no existe una cura milagrosa para curar tu dolor. El tiempo y la distancia con tu ex-pareja son los factores decisivos. Y, por supuesto, sobre todo, no rendirte, no reprimir el dolor y cuidar bien de ti misma, para lo cual también es de gran valor una relación sana con tu entorno.

Te deseo sinceramente todo lo mejor para el futuro y, por supuesto, ¡que esta guía haya podido ayudarte en el proceso de curación!